Jutta Hartmann

Futschi Voyage

Die besten Reisetipps für den Dschungel von

Neukölln

Autor: Bob Schneider, www.bobschneider.de
Fotograf, Co-Autor: Mønchsleben, www.heliosfilm.de
Produktionsleiter: Uwe Berger, www.projectorat.de
Layout: Linda Schirona
Geschäftsführung: Robert Rischke
Printed in EU

ISBN 978-3-946631-17-0

Inhalt

Einmal durch Neukölln - vom Hermannplatz bis zu den Futschiquellen!

Liebste Leser, starten wir zu einer Safari durch den Berliner Kult-Stadtteil Neukölln. Ihr habt eine fachkundige Reiseleiterin an eurer Seite: Jutta Hartmann, Kneipenwirtin, Showstar, Bloggerin (ich blocke nicht die Straßen, sondern im Internet: futschiqueen.de) und Königin der 10-Euro-Handtaschen!
Warum schreibt ausgerechnet eine Kneipenwirtin wie ich einen Reiseführer? Und lässt sich dazu noch in ganz Neukölln wie „Sonnenallee's-Next-Topmodel“ fotografieren? Ganz einfach: Ich liebe dieses multikulturelle Versuchslabor Neukölln und ich will meine Begeisterung für den besten aller Berliner Bezirke mit euch teilen. Beguckt euch dieses Wunder, das sich gerade vom Schmuddelkind zum internationalen Trendsetter umkrempelt. Es ist ganz wurscht, ob du ein transsilvanischer Aktionskünstler ohne Studienabschluss oder eine Büromieze mit schwäbischem Migrationshintergrund bist – ob in Leggings, Birkenstock oder mit Kopftuch – hier sind alle willkommen. Neukölln inspiriert, stimuliert und... transpiriert.
Ich bin unter rosablühenden Kirschbäumen in Britz, dem Beverly Hills von Neukölln, aufgewachsen und habe später in meiner Kneipe „Jutta's Inn“ das Neuköllner Nationalgetränk Futschi erfunden. Weinbrand – Cola im Mischverhältnis 80 – 20. Der Futschi und mein ausgewählter Modegeschmack, die umjubelten Showauftritte mit meinen Freundinnen Edith (erste Hartz-8-Empfängerin Deutschlands) und Leggings-Boutique-Biggy sowie meine Bustouren durch Neukölln haben mich über die Bezirksgrenzen hinaus berühmt gemacht.
Was in diesem Reiseführer steht, wurde von mir getestet und für gut befunden: Ich schlemmte veganes Frühstück im glutenfreien Café und Krabbencocktail auf der Karl-Marx-Straße. Ich pilgerte vom Hindutempel bis zur Moschee und sah die rote Sonne auf dem Tempelhofer Feld untergehen. Ich tanzte wild mit Newcomern aus Syrien im schwulen Neuköll-

ner Nachtleben. Alles, um euch einen Reiseführer zu präsentieren, der total authentisch ist: Geschmackvoll, jung und natürlich, eben ganz so wie ich es bin.
Futschi Voyage!

Neukölln, Sommer 2018

Because the traffic language in New Cologne is English today, I will give the international reader a quick summary in English on each page. I must apologize for my English but I took lessons only until the seventh class and I was middlemeasure. I promise to do my best to make it understandable for you:

Get ready for a journey through Berlin´s cult district New Cologne. with your queen of 10-Euro-handbags Dschatta Hardman as your clever guide. I love this laboratory of multiculti! New Cologne inspires, stimulates and transpires. I saw the red sun going down on Tempelyard Field. I danced wildly with Syrian newcomers in the gay nightlife of North New Cologne. All that to present you my authentic travel guide: tasty, fresh and natural just the way I am.

This poem of Bertha Tölke, landlady in Britz Castle, is impossible to translate. It is about Bertha's home and that she wants to leave it for a partylife in Rixdorf.

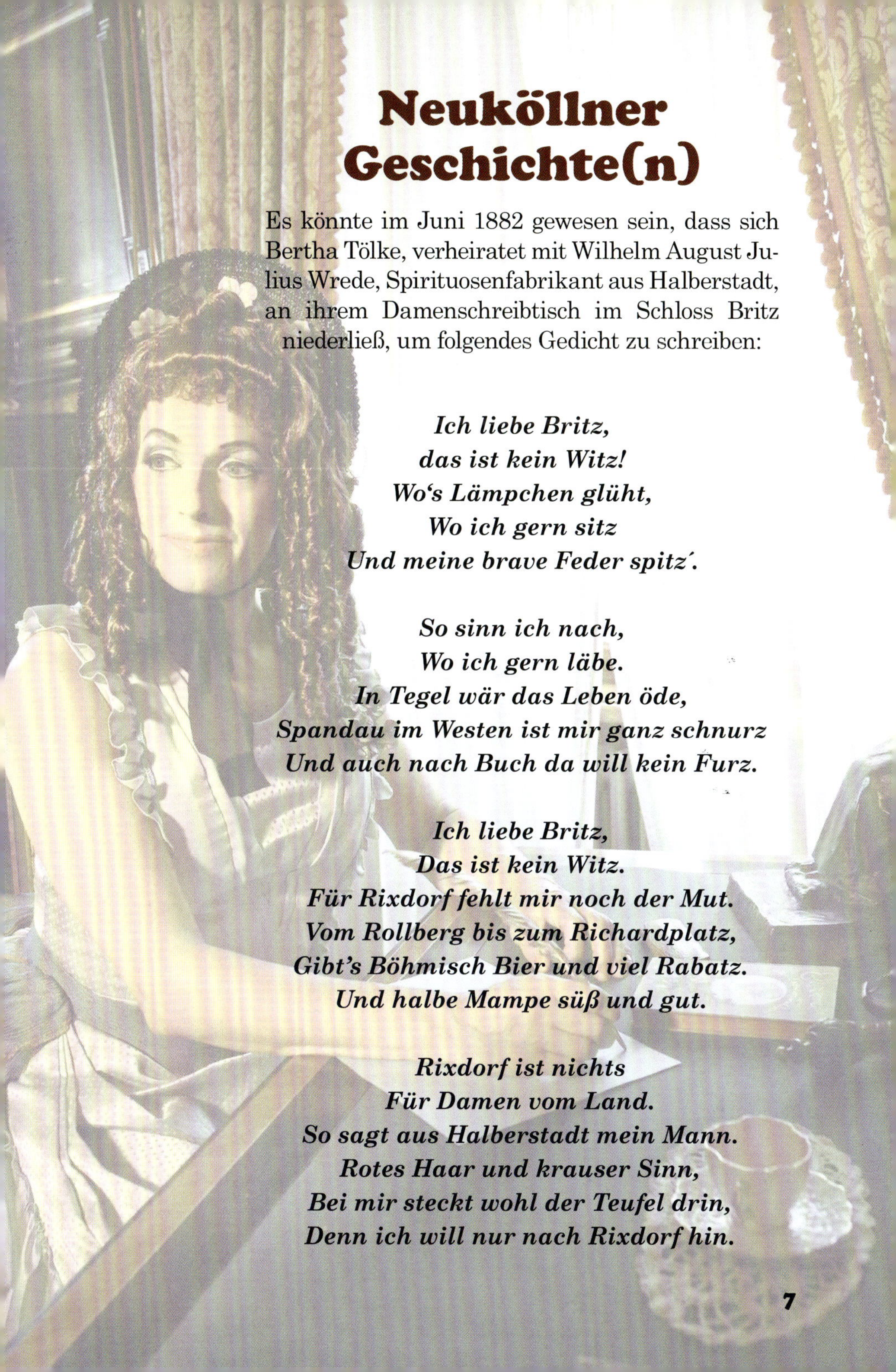

Neuköllner Geschichte(n)

Es könnte im Juni 1882 gewesen sein, dass sich Bertha Tölke, verheiratet mit Wilhelm August Julius Wrede, Spirituosenfabrikant aus Halberstadt, an ihrem Damenschreibtisch im Schloss Britz niederließ, um folgendes Gedicht zu schreiben:

Ich liebe Britz,
das ist kein Witz!
Wo's Lämpchen glüht,
Wo ich gern sitz
Und meine brave Feder spitz´.

So sinn ich nach,
Wo ich gern läbe.
In Tegel wär das Leben öde,
Spandau im Westen ist mir ganz schnurz
Und auch nach Buch da will kein Furz.

Ich liebe Britz,
Das ist kein Witz.
Für Rixdorf fehlt mir noch der Mut.
Vom Rollberg bis zum Richardplatz,
Gibt's Böhmisch Bier und viel Rabatz.
Und halbe Mampe süß und gut.

Rixdorf ist nichts
Für Damen vom Land.
So sagt aus Halberstadt mein Mann.
Rotes Haar und krauser Sinn,
Bei mir steckt wohl der Teufel drin,
Denn ich will nur nach Rixdorf hin.

EDISON
STANDARD

Britzer Brokat

Eine erfahrene Reiseleiterin wie ich weiß natürlich, dass kein Tourist mit Zahlen bombardiert werden will, die er sich sowieso nicht merken kann. Wen interessiert schon, ob Neukölln 16 Postleitzahlen und 13 Partnerstädte besitzt, ob da das höchste Wohnhaus Berlins steht oder der erfolgloseste Bundesligaverein der Welt zu Hause war.
Aber dass Neukölln früher Rixdorf hieß und 1375 zum ersten Mal urkundlich erwähnt wurde, das gehört ja nun zur Allgemeinbildung. Und jeder Neuköllnreisende sollte schon mal vom Ortsteil Britz gehört haben. Der ist ja was ganz Besonderes! Erstens bin ich da aufgewachsen, zweitens gibt es da Weltkulturerbe und drittens steht da das Neuköllner Kronjuwel, das Schloss Britz!
Das Schloss Britz ist der perfekte Ort für eine Reise in die Gründerzeit. Der Schnapsbrenner Wrede kaufte das Schloss 1865 und ließ es zu einer wahren Perle umbauen. Die Möbel und das Dekor vermitteln bis heute das Lebensgefühl dieser Epoche.
Beginnt eure Safari durch Neukölln also hier im Schloss, zwischen Brokatkissen und Ölschinken in Plakatwandgröße. Und dann ab nach draußen in den preisgekrönten Gutspark und zum Milchmädchen flaniert. Das ist eine Bronzeplastik aus dem fernen Sankt Petersburg, die uns ermahnt, hier nicht zu träumen, sondern uns flotti zur nächsten Sehenswürdigkeit aufzumachen.

No tourist wants to be bombed with numbers. But he wants to find out something about Britz, the UNESCO part of New Cologne where I grew up. There is a castle where you can travel back to founding time. Discover cushions of brokat and oily hams big as billboards. Take a walk through the park down to the statue of the milkmaid.

Schloss Britz und Gutspark /Alt-Britz 73/12359 Berlin/schlossbritz.de

99 Mal Neukölln

Gleich neben dem Schloss Britz befindet sich der Gutshof Britz. Auf dem großzügigen, kopfsteingepflasterten Innenhof sticht dir als Erstes der markante Turm der ehemaligen Schnapsbrennerei im Schinkelstyle ins Auge. Der alte Pferdestall beherbergt das Museum Neukölln. Obwohl man sich dort der Vergangenheit des Bezirks verschrieben hat, bietet das Museum hochmodernste Technik. 99 Objekte, vom Mammutkiefer bis zur Rütlischul-Strickmütze, kannst du mit fahrbaren, interaktiven Monitoren ansteuern und dir so einen Überblick verschaffen, woher wir Neuköllner kamen und wohin wir gehen.
Man muss sich das mal vorstellen: Wo heute die Karl-Marx-Straße mit ihren glitzernden Handyshops die Kundschaft anlockt, stapfte vor 25 000 Jahren ein zotteliges Mammut über die Rixdorfer Rollberge und malmte mit seinem 7 Kilo schweren Unterkiefer Gräser und Zweige klein. Übrigens brauchte so ein Mammut keinen Zahnarzt, denn wenn die Zähne abgenutzt waren, fielen sie einfach aus und neue wuchsen nach.
Sogar der selbstgebaute Bombenkasten von Kaufhauserpresser Arno Funke, besser bekannt als Dagobert, ist bei uns in Neukölln museumswürdig. Dieser Westentaschen-Al Capone ist ja neben mir und Sänger Frank Zander („Ich bin der Ur-Urenkel von Frankenstein!“) eine Neuköllner Ikone. Ich hoffe sehr, dass irgendwann mal mein original Futschirezept ausgestellt wird.
Hier im Museum werden auch die Symbole des Neuköllner Wappen erklärt. Es handelt sich dabei um eine Straßentaube (den Cöllnischen Adler), einen Futschibecher (den Hussitenkelch) und einen Wurfstern (das Kreuz der Johanniter).

In an old horse stable on Gutshof Britz, you can find the New Cologne Museum, which shows 99 objects with very modern technology, showing where we New Cologners come from and where we go to. Even the symbols of the New Cologne emblem are explained here: the eagle of Cölln, the chalice of the Hussites and the cross of the knights of the order of the Hospital of Saint John of Jerusalem.

Museum Neukölln/Alt-Britz 81/12359 Berlin/museum-neukoelln.de

21

Böhmische Dörfer

Neukölln ist ein Einwanderungsland. Hier kannst du Vielfalt und Differenz, auf Deutsch: Diversity, erleben. Internationalität im großen Stil, wie du sie sonst nirgends in Deutschland findest. Darum rollt jedes Jahr ein regelrechter Touristentsunami von Hipstern heran. Was Hipster sind, erkläre ich noch - erstmal will ich euch Rixdorf, die Keimzelle Neuköllns, näherbringen. Leben in die Bude kam vor 270 Jahren, als sich hier Religionsflüchtlinge aus Böhmen mit ihren Webstühlen ansiedelten. Hundert Jahre später war Rixdorf zum größten Dorf in Preußen angewachsen. 15 000 Menschen lebten und arbeiteten hier in einfachsten Verhältnissen. 1912 bekam Kaiser Wilhelm II. zu seinem 53. Geburtstag ein Geschenk: Rixdorf wurde in Neukölln umbenannt. Mit dem neuen Namen wollten die Preußen das verrufene Rixdorf endlich zu einer preußisch-tugendhaften Stadt machen. Das hat zum Glück nicht geklappt. Doch was hat den schlechten Ruf von Rixdorf begründet? „In Rixdorf is Musike, da tanz ick mit der Rieke… tritt se mir, tret ick ihr, dit jehört nun zum Pläsier!“ Zechgelage, Tanzgalopp und Bier, das in Strömen floss! Es gab in Rixdorf mehr als 150 Varietés, Tanzlokale und Biergärten. Auf 129 Einwohner kam eine Gastwirtschaft. Und die Bierbrauereien versorgten die feierwütigen Gäste mit dem kühlen Nass, allen voran die berühmte Kindl Brauerei mit ihren sechs gigantischen Kupferkesseln. Jetzt trinkt man in der ehemaligen Brauerei lieber Latte. Doch davon später.

Wenn du heute durch Rixdorf spaziert, merkst du gleich: Es geht beschaulich zu. Pittoreske böhmische Weberhäuschen, eine Altberliner Wasserpumpe, kleine Cafés, Geschäfte und Restaurants, Spielplätze und vegane Eisdielen mit Helikoptereltern. Schön!!!

Rixvillage was the embryo of New Cologne. 270 years ago, life came in the shack, when Bohemian refugees arrived. Rixvillage had a bad name, because there were a lot of cabarets, dancehalls and pubs. In 1912, Rixvillage was renamed to New Cologne but the new name did not change the bad reputation. Today Rixvillage is silent, with picturesque little houses, Prussian water pumps and vegan ice cream shops, where helicopter parents feed their naughty children. It's beautiful!!!

Rixdorf/Rund um den Richardplatz/ 12055 Berlin

Ich weiss, dass
mein Erlöser lebt
Böhmischer Gottesacker

Auf dem Gottesacker

Wenn du dich vom beschaulichen Alt-Rixdorf in Richtung Shoppingmeile Karl-Marx-Straße aufmachst, dann entdeckst du vielleicht ein schmiedeeisernes Tor auf der linken Straßenseite. „Ich weiss, dass mein Erlöser lebt!“ steht in goldenen Lettern über den Torflügeln. Eingezwängt zwischen zwei Altberliner Mietshäuser führt dieser Eingang zum verwunschenen Böhmischen Gottesacker. Eine Oase der Ruhe. Kunststück – es ist ja auch ein Friedhof. Seit 1751 wird hier durchgehend beerdigt. Besonders archaisch wirken die in die Begrenzungsmauern eingelassenen Grabsteine. Die ältesten Inschriften in tschechischer Sprache, dann zweisprachig und die jüngsten in Deutsch. Das ist ein lebendiges Beispiel gelungener Integration.
Aber wie so oft in Glaubensfragen ging es auch hier nicht ganz ohne Streit. Die eingewanderten Böhmen konnten sich damals nicht einigen, wie das Abendmahl gefeiert werden soll. Deswegen gibt es in Rixdorf mehrere böhmische Gemeinden. Sie dürfen aber, Gott sei's gedankt, alle auf dem gleichen Friedhof bestatten, einige tun das sogar nur in weißen Särgen.
Den Schlüssel und die Begleitung für den Gottesacker bekommst du bei der Neuköllner Touristeninfo im Rathaus. So ganz ohne Aufsicht darf man den Friedhof nämlich nicht besichtigen. Schließlich soll die ewige Ruhe weitesgehend gewahrt bleiben.

When you walk from Old Rixdorf to the shoppingmile Karl-Marx-Street, you can spot the entrance to the Bohemian God's Field. Located between two old-Berlin renthouses, it is an oasis of silence. No wonder – it is a cemetery. Discover the archaic gravestones in strange languages which they put into the wall of the cemetery. Get the key and your personal guide at New Cologne tourist information in the townhall.

Böhmischer Gottesacker/
Karl-Marx-Platz 10/12043
Berlin

Britzer Blüten

Nach so viel Geschichte werde ich jetzt mal persönlich. Meine Story ist auch nicht ohne. Ich bin in einem Teil von Neukölln groß geworden, den jeder Berliner zu Recht das Beverly Hills von Neukölln nennt. Hier gibt es viel Grün, kleine Straßen mit so absurden Namen wie Hüsung oder Hanne Nüte (die Bedeutung müsst ihr googeln, ich habe hier keinen Platz dafür), bonbonfarbene Reihenhäuser und jedes Jahr im Frühling die Britzer Baumblüte. In der Onkel-Bräsig-Straße, da wo ich aufgewachsen bin, blühen die japanischen Zierkirschen besonders üppig. Herrlich, dieses zarte Rosa, das während der Mittelblüte nach und nach in ein kräftiges Pink changiert. So eine Kindheit prägt - noch heute stehe ich auf florale Muster und Rosésekt. Ein weiteres Britzer Highlight war und ist das Baumblütenfest mit Geisterbahn, Losbude und Obstweinausschank. Wetterbedingt findet es nur sehr selten zeitgleich mit der Baumblüte statt. In Britz hat sich in den letzten Jahren wenig verändert. Wenn du heute durch die freundlichen Straßen schlenderst, wirst du dich genauso zu Hause fühlen, wie damals die kleine Jutta mit ihren Eltern. Meine Mutter war die Grace Kelly der Siedlung und sie konnte den besten Hawaiitoast der Welt zubereiten. Mein Vater, der rasende Chefreporter des Britzer Heimatboten, war ein stattlicher Mann, der einen großen Schatten warf.

Britz is well-known as the Beverly Hills of New Cologne and it is also the neighbourhood where I grew up. Every year in spring there is the blossom time of the Japanese cherrytrees. The colour of the treeflowers is changing from babypink to shockingpink and this explains my preferences for floral designs and blush sparkling wine.

Britzer Baumblütenfest/Fulhamer Allee & Onkel-Bräsig-Straße/12359 Berlin/britzer-buergerverein.de

Wer nicht auf Rummel und Pink steht, den zieht es zum Britzer UNESCO Weltkulturerbe, der Hufeisensiedlung. Sie ist eine der bekanntesten sozialen Wohnsiedlungen der Weimarer Republik. Durch die gebogene Form gucken alle Wohnungen auf einen See. Nicht gerade der Gardasee, sondern ein Pfuhl aus der letzten Eiszeit, doch der Wohnkomfort war für die Mietskasernenbewohner der 1920er Jahre ein großer Segen.

Hufeisensiedlung

If you are not a fan of pink, you must see the famous Horseshoe Settlement because the estate from the nineteen-twenties is World Cultural Heritage.

Hufeisensiedlung/12359 Berlin/hufeisensiedlung.info

As-salam alaykom und Merhaba!

Was wäre Neukölln ohne seine türkischen und arabischen Welten, in die du auf der Sonnenallee oder dem Kottbusser Damm komplett eintauchen kannst: Shishabars, glamouröse Hochzeitskleider - über und über mit glitzernden Steinchen bestickt -, die hervorragende Küche des Nahen Ostens und mein Futschi oriental! Das ist Futschi, eingeschenkt ins türkische Teeglas. Nicht halal - aber schmeckt.
Zu Neukölln gehört der Islam. 20 Moscheen gibt es in Neukölln und am prunkvollsten ist die Şehitlik Moschee. Sie thront neben dem osmanischen Diplomatenfriedhof direkt am Columbiadamm. Schon von Ferne rufen die beiden schlanken, schneeweißen Minarette mit ihren 37 Metern Höhe zum Gebet. 1500 Gläubige finden unter der mächtigen Kuppel Platz. Das Beste: Du kannst dir die Pracht auch von innen anschauen. Nicht nur zum Tag der offenen Moscheen sondern über die Webseite der Gemeinde. Dort kannst du dich jederzeit zu einer Führung anmelden. Frauen aber bitte nicht das Kopftuch vergessen!

There are 20 mosques in New Cologne, and the Şehitlik Mosque is the most magnificent one. From far away you can see the slender and snow-white minarets calling the believers for worship. Not only at the day of the open mosque you can discover this beauty from the inside. Send a request for a walkthrough via internet, but you women out there, don‘t forget your headscarf!

Şehitlik Moschee/Columbiadamm 128/10965 Berlin/sehitlik-camii.de

Namaste!

300 Hindus aus Indien, Sri Lanka und Bangladesch leben in Neukölln. Und die brauchen natürlich Tempel. Einer davon, der Sri Mayurapathy Murugan Tempel, steht in Britz. Dieser Tempel ist Murugan geweiht, einem hinduistischen Gott, der oft mit sechs Köpfen, zwölf Armen und auf einem Pfau reitend dargestellt wird. Außerdem zeichnet ihn ewige Jugendlichkeit aus. Ich muss schon sagen: Allerhand! Der elfköpfige Vorstand des Tempels hat Murugan sogar zu seinem Vorsitzenden bestimmt. Der Tempel ist täglich für jeden geöffnet, zur Anbetung und Meditation. Ein zweiter großer Tempel befindet sich seit 2009 im Bau. Er entsteht am Rand der Hasenheide, dem Central Park von Neukölln. Ich hoffe bloß, das Gebäude hat nicht die gleichen Probleme wie unser Hauptstadtflughafen BER: eine nicht funktionierende Entrauchungsanlage.

The Sri Mayurapathy Murugan temple in Britz is open every day for Hindu worship and meditation. The temple is dedicated to Murugan, a god with six heads and twelve arms riding on a peacock. And he stays forever young. I must say this is allhand! In this temple Murugan is even the Chairman of the Board.

Sri Mayurapathy Murugan Temple Berlin/Blaschkoallee 48/12359 Berlin/mayurapathy-murugan-berlin.de

NEUKÖLLN
ARCADEN
Media Markt
NEUKÖLLN
ARCADEN

Rathaus Neukölln: Im Zentrum der Macht

Von den Weltreligionen zur Verwaltung! Wir Neuköllner sind stolz auf unser Rathaus. Nicht nur, dass es ein sehr großes Gebäude ist, nein - es ist auch ein sehr schönes Bauwerk. Es strahlt weithin sichtbar in einem leuchtenden Beige, als wäre es aus Rudower Sandstein erbaut worden. Den Rathausturm mit seinen stolzen 68 Metern Höhe kannst du bei einer speziellen Rathausführung besteigen und dir so einen noch besseren Überblick verschaffen. Wenn es besonders klar ist, reicht die Sicht bis zur Flughafenruine BER. Und wieder unten angekommen lohnt auf jeden Fall ein Besuch bei der Neuköllner Touristeninfo. Da kannst du meinen Reiseführer und auch Souvenirs kaufen und vielleicht auch bald Futschi-to-go.

Am besten, du setzt dich mal an einem schönen Sommertag auf die Rathaustreppe, die Spanische Treppe von Neukölln. Genieße den Ausblick auf Neuköllns Trevi-Brunnen und lass die Bevölkerung Neuköllns in all ihren Formen und Farben Revue passieren.

We New Cologners are very proud about our townhall. It is a very large and a very pretty building. You can have a guided tour to the top of the townhalltower. On a clear day, you can see the ruins of BER. And don't forget to visit Tourist Information to buy this book and maybe a Futschi-to-go. Have a break on the Spanish Steps of New Cologne and watch the people passing by in all their shapes and colours.

Rathaus Neukölln/Karl-Marx-Straße 83/12043 Berlin/neukoelln-info-center.de

KARSTADT
KARSTADT
KARSTADT

KINDL
BOULEVARD

Trödel Dödel 2
An-und Verkauf

Shoppingparadies Neukölln

Nach der Weltkultur und der Kulturgeschichte komme ich nun zu einem Kulturbegriff, bei dem ich mich noch besser auskenne: Der Einkaufskultur! In Neukölln kannst du wählen zwischen den großen Boulevards Karl-Marx-Straße, Hermannstraße und Sonnenallee, den kleinen Geschäftsstraßen vom Reuterkiez bis zum Schillerkiez, den gesunden Wochenmärkten und dem größten Karstadt der Welt am Hermannplatz. Meine Lieblingsstraße ist die Hermannstraße. Hier findest du den Kindl Boulevard, das einzige Einkaufszentrum der Republik mit angeschlossenem Jobcenter.
Die Hermannstraße hat viele Modefachgeschäfte zu bieten, mit klangvollen Namen wie Eleganze, Lara Fashion oder Moon & Cherry. Auf den glitzernden Roben dieser Geschäfte wird alles verstickt, was die Strasssteinbörse zu bieten hat. Etwas weiter Richtung S-Bahn Ring findest du den exotischen Einzelhandel: der Zauberkönig, ein Fachgeschäft für Magieprofis und Amateure. Der Renner dort sind die täuschend echt nachgebildeten Hundekothaufen von Neuköllns Bürgersteigen. Vom Schlagschiss bis zum Sprühstuhl sind alle denkbaren Aggregatzustände im Sortiment. Bis Ende 2018 ist der Zauberkönig noch in einem Nachkriegsflachbau mit Kohleofen untergebracht, dann zieht er um in einen Neubau. Das gleiche Schicksal ereilt Trödel Dödel 2. Ob der wieder aufmacht, weiß ich nicht - da gab‘s wohl ein Problem mit dem Gesundheitsamt wegen des Verkaufs von gebrauchten Erotikartikeln.

After worldculture and history of culture I finally come to shopping culture. In New Cologne, you can choose between the big boulevards Karl-Marx-Street, Hermannstreet and Sun Avenue, little business streets from the hood of Reuter to the hood of Schiller, healthy weekly markets and the biggest Karstadt of the world at Hermannplace. My favourite street is the Hermannstreet, because of Kindl Boulevard, a shopping center which is connected with a working agency.

Kindl Boulevard/Hermannstraße 214 – 216/ 12053 Berlin/Kindlboulevard.de
Neuköllner Wochenmärkte/neukoelln-online.de/leben-in-neukoelln/wochenmaerkte/

NO RAGS

Der Prinz und die Königin

Mein exquisiter Modegeschmack ist berühmt. Nicht umsonst nennt man mich The Godmother Of Mustermix. In Neukölln ist es wirklich billig, so teuer wie ich auszusehen. Es wird bei uns gestrickt und gehäkelt, genäht und gestickt und mit Wonne upgecycelt. Da werden alte Kleider zu neuen Hemden, Jeans zu Blusen und Topflappen zu Mützen. Du musst nur mal durch die Boutiquen in der Weserstraße bummeln.
Ich will euch hier meine Lieblingsboutique vorstellen: Le Magass Vintage. Dieser Shop ist wirklich nicht verstaubt, obwohl er Second-Hand-Mode verkauft. Der Besitzer, Modedesigner Mavin, ist ein Neuköllner mit polnisch-afrikanischen Wurzeln und hat sich der Disco- und Sport-Mode der 80er und 90er Jahre verschrieben. Neonfarben, glänzende Kunstfasern, Animalprint und Keilabsätze: Genau mein Geschmack! Das ist ein Stil, der frisch hält. Und frisch ist auch Mavin. Er beschrieb seinen Style im Interview als „das uneheliche Kind von Bill Cosby und dem Prinz von Bel Air." Für mich ist Mavin der Prinz von Kreuzkölln.

My exquisite taste in fashion is legendary. In New Cologne it is really cheap to look expensive like me. In place of all the other fashionboutiques, here I present you my favourite: Le Magass Vintage. The owner of the Shop, Mavin, a New Cologner with African-Polish roots, presents here fashion from the club and sports scene of the 80s and 90s. That's my style – it keeps me fresh. Fresh as Mavin, my prince of Crosscologne.

Le Magass Vintage Store/Reuterstraße 59/12047 Berlin/facebook.com/lemagass

CAPTN CROP

Besser der Hut ist verrückt als der Kopf!

Naja, bei mir kann es gerne beides sein. Zum Glück habe ich sehr dicke Haare und eine unkaputtbare Frisur. Deswegen kann meinem Styling auch der schwerste Hut nichts anhaben und ich kann ihn unbesorgt tragen. Aber bei der Kopfbedeckung lege ich Wert auf Qualität. Handgefertigt sollte er sein, individuell in Material und Design, nachhaltig und ein ästhetischer Hochgenuss. Und da bin ich bei Captn Crop an der richtigen Adresse. Moritz Wolfgruber macht seit 10 Jahren Hüte, Kappen und Taschen in Neukölln. Du kannst dir hier in der Werkstatt eine fertige Kopfbedeckung aussuchen oder du lässt dir ein ganz persönliches Modell anfertigen. Die Materialien bringen die Hutmacher aus der ganzen Welt nach Neukölln. Alte marokkanische Teppiche oder Vorhänge aus verlassenen Hotels. So hast du einen neuen Hut auf dem Kopf, mit einer bewegten Vergangenheit. Der Besuch im Laden ist ein Erlebnis, denn hier kannst du den Machern beim Machen zugucken. Die Werkstatt ist aus gefundenem Holz gebaut und einem Schiffsrumpf nachempfunden.
So wie hier bei Captn Crop wird in vielen Neuköllner Manufakturen gearbeitet: Es werden Puppen repariert, Pullover gestrickt, Marzipan wird geknetet und Blutwurst püriert.

I'm very lucky, I got very thick hair and an undestructable hairdo. So I can wear every hat without any damage. But I set a high value on quality. Therefor the hatter Captn Crop is the right adress. In this small manufactory they make hats out of materials they found all over the world. For example an oriental rug or a curtain from a rotten hotel. So you get a new hat on your head with a moving history.

Captn Crop/Reuterstraße 52/12047 Berlin/captn-crop.com

Neukölln ist lecker: Am Morgen...

In Neukölln ist noch keiner verhungert. Doch gab's früher hauptsächlich Currywurst, Döner und Riesenschnitzel, so findest du heute hier Sterneköche, koreanisches Streetfood und Restaurants mit angeschlossenem Kräutergarten. Dass ich hier nicht falsch verstanden werde: Ich habe überhaupt nichts gegen Imbisse. An der Flughafenstraße/Ecke Hermannstraße gibt es Falafel, Schawarma und Köfte für jeweils einen Euro. Wo sonst kannst du dich bitte für drei Euro durch die Speisekarte fressen? Und die Berliner Kneipenküche ist auch nicht zu verachten, schließlich habe ich selber ein Kochbuch darüber geschrieben. Ich weiß, wie man mit einer Mikrowelle umgeht und eine anständige Pufferpizza zubereitet. Ich habe mich als Hipsterette verkleidet und die junge Neuköllner Gastronomie getestet. Hipster sind der Teil der Neuköllner Bevölkerung, die du am spanischen Akzent, einer Duttfrisur, Leggings und einem Jutebeutel erkennst. Beim Frühstück wollte ich gleich mal was Zukunftsweisendes erleben, deswegen war ich bei The Future Breakfast in der Böhmischen Straße. Katie, die Wirtin, stammt aus Australien und hat sich dem guten, starken Kaffee verschrieben. Die Frühstückskarte variiert saisonal, aber immer dabei sind pochierte Bioeier auf Sauerteigbrot und Pfannkuchen! Und wer einmal Katies hausgemachten Käsekuchen mit Beeren drauf probiert hat, der kommt wieder, soviel ist sicher. Einziger Nachteil: Ich habe im ganzen Café keinen Anschluss für mein Modem gefunden!

I dressed up like a hipsterette and tried out the young New Cologne cooking scene. I want to be futuristic , so I went to The Future Breakfast in Bohemian Street. Katie, the Australian landlady, served an extraordinary coffee and poached organic eggs on sour bread with pancakes. Try once Katies homemade cheesecake with berries on top and you will come back – so much is sure. But I didn't find a connection for my modem there!

The Future Breakfast/Böhmische Straße 46/12055 Berlin/thefuturebreakfast.com

Lecker am Mittag...

Wo aber gibt es sie noch, die echte Berliner Hausmannskost? Wo kriege ich noch frische Schillerlocken und Brathering? Wo treffen sich flotte Silver Ager aus Rudow, Buckow und Britz zum Krabbencocktail? Auf der Champs-Élysées von Neukölln, der Karl-Marx-Straße. Bei Kropp Feinkost direkt gegenüber vom Rathaus.
Wenn du Berlin schmecken willst, dann komm hierher und probiere dich durch das üppige Sortiment aus frischen Salaten, dem legendären Neuköllner Hehringsstipp, Matjeshäckerle oder kräftigen Lachsfrikadellen. Was Handfestes für den Hunger zwischendurch. Kropp Feinkost, diese Perle unter den Feinkostläden, ist seit 1927 in Familienbesitz und begeistert durch seinen Herz-mit-Schnauze-Charme und seine hervorragende Küche ganz nach Berliner Geschmack. Na denn: Juten Hunger!

If you wanna taste Berlin, come here! Try yourself through the opulent sortiment of fresh salads and all kinds of smoky fish. Something handtight for the hunger in between. Kropp Feinkost is a pearl among the Feinkost shops and makes you happy with the heart-and-shut-up charme and the cooking in completely Berlin taste. Ok then, good hunger.

Kropp Delikatessen & Feinkost/Karl-Marx-Straße 82/12043 Berlin/kropp-feinkost.de

Lecker am Abend...

Das Tolle an Neukölln ist, dass ich gar keinen eigenen Garten mehr brauche. Überall poppen kleine Stadtgärten auf. Sei es auf dem Dach vom Parkhaus der Neukölln Arcaden, auf dem Tempelhofer Feld oder auf der Baumscheibe vor meinem Haus. Am besten ist es aber, wenn du aus so einem urbanen Garten auch gleich alles essen kannst - vom Hinterhof frisch auf den Tisch sozusagen. Und genau das passiert im Café Botanico. Der Garten des Restaurants erstreckt sich über mehrere Höfe. Und was für mich als botanischer Laie fast verwildert aussieht, ist in Wirklichkeit eine Permakultur-Gärtnerei mit Biozertifikat. Da gibt es über 200 essbare Gemüse- und Kräuterarten und fünf Bienenvölker. Permakultur ist ein sich selbsterhaltenes Konzept, das die Schaffung von funktionierenden nachhaltigen Biosystemen zum Ziel hat. Mit anderen Worten: Lazy Gardening! Pro Woche nur 10 Stunden Gartenarbeit, wie mir Gärtnerin Natasha versichert hat. Da habe ich gleich mal mitgeholfen und meine Ernte kam hinterher lecker zubereitet auf den Teller. Im Cafe Botanico kannst du nicht nur gesund essen, sondern dich auch zur Gartenführung anmelden, bei der genascht werden darf.

All over New Cologne, urban gardens are popping up. And the best thing is in cafe botanico at Richard Street: You can eat all the herbs and vegetables you harvest in their big permacultural garden for dinner in their restaurant. Permacultural means that the garden feeds itself and needs only 1o hours of work a week. There you eat not only healthy, but you can also book tours through the wilderness .

Café Botanico/Richardstraße 100/12043 Berlin/cafe-botanico.de

Und lecker in der Nacht...

Zum guten Schluss der Rubrik Lecker kommen wir zu einem Thema, das mir als Wirtin besonders am Herzen liegt: dem Trinken. Berlin ist berühmt für seine Spätis. Spätis sind Spätkaufläden, in denen du dich rund um die Uhr mit Ravioli und Alkohol versorgen kannst. Wobei ich der Meinung bin, dass der Späti ja typisch für jede deutsche Großstadt ist. Anderswo heißen die Spätis bloß Trinkhalle. Eine sehr uncharmante Bezeichnung.
Auf jeden Fall charmant ist Andreas, der Chef von Tante Frizzante. Tante Frizzante ist der schickste Späti weit und breit. Hier stimmt einfach alles, die Lage mitten auf der Hermann, die Atmosphäre und das Sortiment. Da kriegst du einfach alles für ein stilvolles Besäufnis! Es gibt schier endlos viele Craftbeersorten (Craftbeer ist handwerklich erzeugtes Bier von unabhängigen Brauereien) in den exotischsten Geschmacksrichtungen – sogar mit Croissant-Geschmack! Du bekommst finnischen Lakritzlikör und prickelnden Reiswein. Da ich es gerne süß und mit Schaum mag, ist mein Favorit allerdings Tunte Frizzante - die Sekt-Hausmarke für den schwulen Mann, Frau, Transgender, Transganter und alle anderen Geschlechter. Tante Frizzante ist neben meiner Kneipe Jutta's Inn der ideale Start oder Endpunkt für deine Neuköllnsafari. Prösterchen!

In every case charming is Andreas, the owner of the hottest Späti far and wide: Tante Frizzante. Everything is right here, the place in the middle of Hermannstreet, the atmosphere and sortiment. Endless types of craftsbeer in exotic taste directions, Finnish Liquor and sparkling ricewine. I prefer Tunte Frizzante, the sparkling wine for gay men, women and all other sexes.

Tante Frizzante/Hermannstraße 95/12051 Berlin/tantefrizzante.de

Vollversammlung der Kulturen

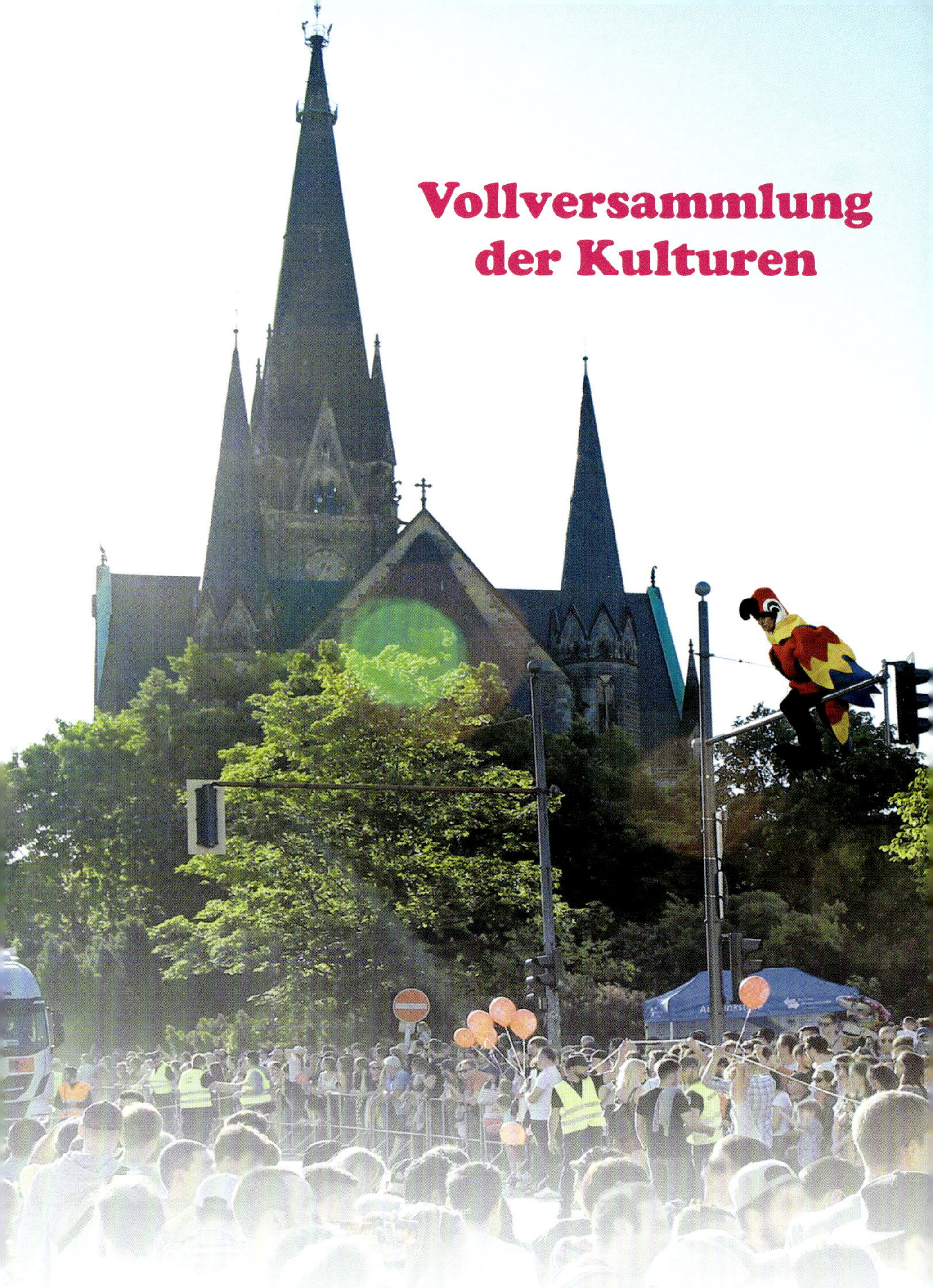

Man sagt ja, bei uns in Neukölln leben mehr Nationen als es auf der Erde überhaupt gibt. Wir könnten bei uns locker die UNO-Vollversammlung abhalten. Einmal im Jahr wird das gefeiert, beim Karneval der Kulturen. Und da lohnt es sich sogar für eine Kneipenwirtin wie mich, früh aufzustehen. Denn sonst stehst du beim Umzug in der letzten Reihe. Das farbenfrohe Fest, bei dem alle Kulturen tanzend ihre prächtigsten Gewänder präsentieren, ist eben ein Knaller und alle wollen dabei sein. Als veranstaltungserprobte Westberlinerin hatte ich mich letztes Jahr gut vorbereitet. Mein Kostüm Marke Ara war der Burner. Die Karneval-der-Kulturen-App, die ich auf mein Smartphone heruntergeladen hatte, ist aber leider noch in der Entwicklung. Deswegen kam ich viel zu spät und sah nur noch die Rücklichter des Zuges. Der U-Bahnhof Mehringdamm war wegen Überfüllung geschlossen, ich kämpfte mich auf meinen Papageienfüßchen vor, zwischen mobilen Getränkeständen, Glasscherben, wummernder Technomusik, lallenden und fallenden Menschen, bis zum Hermannplatz. Durch Trockeneis und Grilldunst in Atemnot, zerzaust und zerpflückt, mit Augen wie ein Panda, hatte ich am Ende des Tages ganz schön Federn gelassen. Ja, der Karneval ist eine Herausforderung, doch ich liebe es und du musst es erlebt haben!

People say, that in New Cologne there are living more nations than you can find in UN General Assembly. Once a year, we celebrate this multiculturalism at the Carnival of Cultures. This colourful celebration, in which all cultures are dancing and presenting their most splendid costumes, is a banger. Last year I was late and saw only the backlights of the train. In the end, I had to do it all on my little parrot-feet, breathless from dry ice and all the mobile barbecues, messed up by all those people around me and with eyes like a pandabear. It's a challenge but I love it and you have to be there!

Karneval der Kulturen/Yorckstraße Ecke Großbeerenstraße/10965 Berlin/karneval-berlin.de

Viva Las Neukölln!

Die Hasenheide ist die grüne Lunge vom Bezirk. Im Volksmund auch die Buschapotheke von Berlin genannt. Der Große Kurfürst jagte dort Hasen, heute jagen Zivilfahnder hier die Verkäufer illegaler Substanzen. Mittendrin im 472.826, 056 Quadratmeter großen Park liegt das Freilichttheater Hasenheide, die kleine Schwester der Berliner Waldbühne. Im Sommer wird es als Open-Air Kino genutzt, doch einmal im Jahr trete ich dort live mit meinen Freundinnen Edith und Biggy auf, und wir lassen die Bühne erbeben. Ediths Sommernachtstraum ist der heimliche Höhepunkt der Berliner Festivalsaison und wenn du sehen willst, wie Edith nackt um die Essigbäume tanzt und ich mit meinem Friseur Kevin mein Hüftgold unterm Sternenzelt schwenke, dann sei das nächste Mal dabei. Den Aperitif zur Show holst du dir vorher an der Hasenschänke und auf dem Weg streichelst du noch ein paar Marderkaninchen im Streichelzoo.

The rabbitheath is the Central Park of New Cologne, the green lung of the district. The outbackpharmacy of Berlin as the folks say. In the middle of the park lays the Open Air Stage. Once a year, I let the earth shake there when I´m on stage with my girlfriends Edith and Biggy. Ediths Midsummer Night´s Dream is the secret highpoint of the Festival season in Berlin. Watch Edith dancing naked around the vinegartrees and me swaying my hips of gold with my hairdresser Kevin under the starry firmament.

Tierpark Neukölln/Hasenheide 82/10967 Berlin/tierpark-neukoelln.berlin
Hasenschänke/Columbiadamm 1-2/10965 Berlin
Freiluftkino Hasenheide/ freilluftkino-hasenheide.de

Kiezdisco

Weil Neukölln einer der zehn coolsten Kieze der Welt ist (Time0ut Magazin September 2018), sprießen hier die Bars und Clubs nur so aus dem Boden. Das Nachtleben in Neukölln boomt. Und für uns Eingeborene in den besten Jahren ist das wie eine kostenlose Frischzellenkur. Meine Freundin Edith zum Beispiel steht ja genau wie ich im zweiten Drittel ihres Lebens. Jahrelang bezog sie Transferleistungen vom Staat. Sie hatte so viele Treueherzen im Jobcenter gesammelt, dass ihre Fallmanagerin sie sogar von Hartz 4 zu Hartz 8 hochgestuft hat. Ediths Deckel in meiner Kneipe war so groß wie eine Fototapete. Sie war Stammkundin vom Kik-Outlet und ernährte sich vom Pfandflaschendiebstahl aus meiner Altglastonne.
Und heute? Edith ist erfolgreiche DJane! Sie ist in die Fußstapfen von Naddel und Giulia Siegel getreten und Gastgeberin einer eigenen Party: Ediths Kiezdisco. Diese Party feiert Edith aber nicht im Seniorenzentrum, sondern in einem der angesagtesten Nachtclubs der Stadt, dem SchwuZ. SchwuZ heißt Schwulenzentrum. Im SchwuZ treffen sich allerdings nicht nur die Gays und Gecken von Berlin, sondern die gesamte LGBTI- (bei Bedarf bitte googeln!) Szene inklusive Freunden, Freundinnen, Tuntenmüttern und kessen Vätern aus der ganzen Welt. Ich bin ein großer Fan von DJane Edith. Wenn sie an den Plattentellern steht (oder heute eher die Musikfiles öffnet), kann ich nicht stillstehen. Hoffentlich sehen wir uns da beim nächsten Mal,. Es lohnt sich, denn im SchwuZ gehst du nicht ungeküsst nach Hause.

Because New Cologne is in the Top Ten of the coolest neighbourhoods in the world, a lot of bars and clubs are growing out of the ground. And for us aboriginals in the prime of our lives this is like a freshcell treatment for free. My friend Edith, a former Hartz 8 receiver, is now a DJane hosting her own party: Ediths Neighbourhood Disco at SchwuZ, which is a hot queer nighclub in New Cologne. If Edith is standing behind the recordplates, I can't stand still. Hopefully see you next time there, because you will not go home unkissed.

SchwuZ/Rollbergstraße 26/12053 Berlin/schwuz.de

Neukölln sportiv: Auf dem Feld

Der Stadtraum - unendliche Weiten! Nein, ich schwärme hier nicht von meinem Balkonblick, sondern vom Tempelhofer Feld. Das Tempelhofer Feld ist eine drei Quadratkilometer große Freifläche mitten in Berlin. Früher war hier der Zentralflughafen Tempelhof. Mit Cirrus Airline flog ich damals direktemang nach Mannheim zum Powershoppen ins Betty Barclay-Outlet. 2008 wurde der Flughafen dicht gemacht. Eine Volksabstimmung führte herbei, dass hier nichts gepflanzt und nichts gebaut werden darf. Und weil die ehemaligen Start- und Landebahnen in Neukölln liegen, gehört der tolle Park in meinen Reiseführer.
Grillen und Sport wird draußen auf dem Flugfeld groß geschrieben: Hier trifft sich die Generation Anarchosport: Windskating, Landsurfing, Rollerblading, Powerkiting, Minigolfing, Gardening, Chilling und Müllwegbringing. Wenn du nicht aufpasst, fliegen dir die Papierdrachen um die Ohren oder der seltene Brachpieper durch die Frisur. Sogar die Chihuahuas können sich in umzäunten Arealen mal so richtig auslaufen. Es gibt gepflegte Toilettenhäuschen und 5 Meter hohe Aussichtstürme. Das alles inklusive Sonnenuntergang für umme!

The townroom - neverending space. I'm not talking about my balconyview but about the Templeyard Field. This is a three square kilometres unbuilt area in the middle of Berlin. Sports and barbecue are written big outside in the flyfield. Generation anarchysports is meeting there. Watch out for paperdragons flying around your ears and rare birds flying through your hairdo. There are clean toiletcottages and watchtowers. And on top of that sundowner for free!

Tempelhofer Feld/Eingang Oderstraße/Herrfurthstraße/12049 Berlin/gruen-berlin.de

FUTSCHI

FUTSCHI
13

FUTSCHI

Lieblingssport Minigolf

Wenn ich mir einen Lieblingssport aussuchen müsste, dann wäre es Minigolf. Ich mag keinen Gruppensport. Ich war beim Völkerball immer die Letzte, die in die Mannschaft gewählt wurde. Beim Minigolf kann mir so eine Schmach nicht passieren. Jeder spielt für sich, man macht eine gute Figur dabei und kommt nicht ins Schwitzen. Im Österreichurlaub in Fieberbrunn habe ich schon als kleine Jutta vor imposanter Bergkulisse den Schläger geschwungen.
Und hier bei nuture Mini ART Golf hast du beim Spiel nicht nur den weiten Horizont vom Tempelhofer Feld hinter dir, du tust auch noch was für dein Umweltbewusstsein. Denn das Wort nuture ist eine Kombi aus Natur und Future. Ich finde die Idee geradezu genial, die Minigolfbahnen von Künstlern gestalten zu lassen, die sich mit den Themen Nachhaltigkeit und Technik auseinandersetzen. Auf der Bahn „Restrisiko" des Pyrokünstlers Eddie Egal beispielsweise setzt du jedes Mal ein kleines Atomkraftwerk in Flammen, wenn du einputtest. So einfach geht Energiewende. Ein anderes Mal spielst du in eine Kloschüssel und dadurch kommt akustisch eine Biogasanlage in Gang. Poetischer ist die Seifenblasenbahn, denn beim Einlochen schweben Seifenblasen gen Himmel. Die zerplatzen irgendwann wie die Träume so mancher Naturschützer. Es gibt eine kleine Getränkebar und musst du mal wohin, schnappst du dir einfach das hauseigene Fahrrad und radelst 300 Meter zum Toilettenhäuschen!

If I had to choose a darlingssport, then it would be minigolf. Everbody plays on his own, you make a good figure and you do not sweat. If you are playing at nuture Mini ART Golf, you not only have the horizon of the Tempelyard Field behind you, you do also something for your thinking about nature. It's ingenious to let the minigolfways designed by artists all around the theme long term saving of the world (sorry couldn't translate the difficult German words: I mean something that also Greenpeace does).

nuture Mini ART Golf/Tempelhofer Feld,
Eingang Columbiadamm 87/10965
Berlin/nuture-art.de

Bad Neukölln

Wenn du allerdings mehr auf Indoor-Sport stehst und dazu noch an Architektur interessiert bist, dann lege ich dir einen Besuch im Stadtbad Neukölln ans Herz. Dieses Schwimmbad zählt bis heute zu den schönsten Bädern Europas. Nach dem Vorbild antiker Badehäuser gestaltet, fühlst du dich zwischen den Säulengängen und Mosaiken wie eine badende Venus. Na und sportlich geht's hier sowieso zu, im 25 Meter langen Schwimmbecken. Nach dem Brustschwimmen kannst du in einer der vier Themensaunen entspannen. SPA Gefühl der Luxusklasse zu moderaten Preisen, genau das Richtige für eine Sparfüchsin wie mich!

If you are more into indoor sport and interested in architecture, I recommend the townbath New Cologne. It looks like a Roman bathhouse, so you feel like a bathing venus in there. It's sporty in the 25 meters long swimmingpool and after breastswimming, you can relax in the sauna. Because the entree is not expensive, it is the right thing for a savefox like me.

Stadtbad Neukölln/ Ganghofer Straße 3/12043 Berlin/ berlinerbaeder.de/baeder/stadtbad-neukoelln/

www.48-stunden-neukoelln.de
48 h
Neukölln
22.–24.6.
Kunstfestival
zapf umzüge

48 h
Neukölln
www.48-stunden-neukoelln.de

Neuköllner Kunst

Alles ist Kunst! Ich weiß nicht, welcher berühmte Mensch das mal gesagt haben soll, aber im Fall von Neukölln trifft der Spruch den Nagel auf den Kopf. Zwar ist die Zeit der billigen Ateliermieten vorbei, doch es gibt nach wie vor genug Kreative, die hier in Neukölln ihren Pinsel schwingen. Wenn du dir in kurzer Zeit einen Überblick über die Szene verschaffen willst, besuche das Kunstfestival 48 Stunden Neukölln. 2018 feierte das Festival 20jähriges Bestehen und bot rekordverdächtige 2000 Künstler an 250 Orten auf. Das Motto „Neue Echtheit" kam mir sehr entgegen, da ich mich auch als echt und neu beschreiben würde.
In Neukölln findet alles Neue in ehemaligen Brauereien und Schnapsbrennereien statt. Das Epizentrum der modernen Kunst ist die frühere Kindl Brauerei: KINDL – Zentrum für zeitgenössische Kunst, so heißt der gigantische dunkelrote Backsteinbau nun. Das haben wir Neuköllner einem Schweizer Ehepaar zu verdanken, welches das Gebäude gekauft und umgebaut hat. Zwischen den Sudkesseln schlürft man jetzt Fairtrade Coffee und in den Produktionsräumen wird Kunst präsentiert - nicht nur während des Festivals. Alles dort ist groß und beeindruckend. Da wollte ein Künstler auf der Schillerpromenade mithalten und stellte bei 48 Stunden Neukölln einen Weltrekord in Bananenmalerei auf. 1000 gelbe Früchte hat er in zwei Tagen gemalt – eine brutale Höchstleistung der Kunst.

If you want to get an overview about New Cologne´s art scene, I tell you to visit the art festival 48 hours New Cologne. In 2018, the festival celebrated 20 years anniversary under the motto: New realness. That matters to me, because I would describe myself as real and young. KINDL, located in a former brewery is now a center of today´s art. Everything there is large and impressive.

48 Stunden Neukölln/verschiedene Orte in Neukölln/48-stunden-neukoelln.de
KINDL – Zentrum für zeitgenössische Kunst/Am Sudhaus 3/12053 Berlin/kindl-berlin.de

Puppenlustig

Urlaub mit Kindern in Neukölln? Auch das ist möglich. Ich gebe zu, dass ich auf den ersten Blick nicht die Expertin bin, was Kinder und deren Vorlieben angeht, denn ich bin kinderlos - abgesehen von meinen geistigen Kindern. Aber ich besitze schließlich Einfühlungsvermögen. Außerdem ist Schwangerschaft ab sechzig heute voll im Trend. Also was nicht ist, das kann noch werden.
Neben dem Streichelzoo und der „Campus Rütli sucht den Superstar"-Endausscheidung empfehle ich dir mit oder ohne Nachwuchs einen Besuch im Puppentheater-Museum Neukölln. Dieses liebevoll gestaltete Museum ist so herrlich analog wie die Kunst, der es sich gewidmet hat. Hier wird die Geschichte des Puppentheaters erzählt und durch aktuelle Aufführungen die Brücke zum Hier und Jetzt geschlagen. Mumien, Monstren, Mutationen, Clowns und Hexen. Sie alle hängen hier an Strippen, stecken auf Stäben oder man zieht sie sich einfach über die Hand. Ich habe sogar eine lebensgroße Jutta-Puppe gesehen. Und für besonders starke Nerven gibt's die Taschenlampenführung. Nachts im Museum eben.

Holidays with kids in New Cologne are possible. I recommend a visit to the dollstheatermuseum. This museum is made with love and it is wonderfully analog. Mummys, monsters, mutations, clowns and witches, they all hang down on strings. I have even seen a big as life Jutta puppet. And for those with strong nerves, there is a pocketlamptour. A fright night at the museum.

Puppentheater-Museum/
Karl-Marx-Straße 135/12043
Berlin/puppentheater-museum.de

BOXS

BOXS
RT2

BOXS
RT2

Speeddating

Eine Frage stellt sich am Schluss für den aufmerksamen Leser noch: Ist Jutta eigentlich noch Single? Die Antwort lautet: Ja! Als Geschäftsfrau habe ich nun mal keine Zeit für Elite Partner oder kann mich auf Fisch-sucht-Fahrrad Partys herumdrücken. Wer mich kennenlernen will, der muss in meine Kneipe kommen. Wer mich daten will, muss sich was ganz Besonderes einfallen lassen. Und da habe ich gleich mal einen Tipp: Einen Ort, der aufregend ist und nach Benzin und Schweiß riecht, also einen Ort, den richtige Männer lieben. Die Berlinkart Bahn mitten in Neukölln. Ich habe selbst erlebt, wie der Kampf der Geschlechter durch ein sportliches Rennen in eine funktionierende Beziehung münden kann. Mein neuer Begleiter, aus Datenschutzgründen hier Hauptstadtrocker genannt, macht nicht nur hinter dem Lenkrad eine gute Figur, das kann ich euch flüstern. Mit 50 Kilometern in der Stunde kannst du hier auch deinen Junggesellinnenabschied feiern. Ich hoffe, dass ich auch bald soweit bin.
Noch ein Hinweis: Bitte an die Bahnordnung halten und keine Highheels anziehen!

There is one question left for the interested reader: Is Jutta still a singlelady? The answer is: Yes! As a businesswoman, I have no time for Elite Partner or standing around at fish-searches-bicycle-partys. Someone who wants to date me, has to bring up something special. I have a tip: The Berlinkart track in the middle of New Cologne. I checked out, how the battle of the sexes can end up in a functional relationship only by a sportive race.

Berlin Kart/Werbellinstraße 50/12053, Berlin/berlin-kart.de

ESTREL
news

Übernachten an der Sonnenallee

So eine Tour durch Neukölln kann ganz schön anstrengend werden, vor allem wenn man - wie ich - nicht auf eine gewisse Absatzhöhe verzichten will. Du solltest dir also einen ausgiebigen und erholsamen Schlaf gönnen, um fit zu bleiben für deine nächsten Expeditionen. Was mich betrifft, ich liiiiebe bezahlbaren Luxus. Darum zieht es mich manchmal in ein ganz bestimmtes Hotel. Dort kann ich meinem Alltagstrott für ein Wochenende entfliehen. Die Rede ist vom Estrel Hotel, einer geradezu gigantischen Anlage an der Sonnenallee. Das Hotel verfügt über eine eigene Musikshow, Kongresshallen für 12000 Gäste und einen Bootsanleger. Mit 1125 Zimmern ist es das größte Hotel weit und breit und für mich auch das schönste. Aus den oberen Stockwerken hast du einen herrlichen Weitblick über das Neuköllner Hafenbecken bis hin zur Gropiusstadt. Da oben fühle ich mich wirklich wie eine Futschiqueen, denn Neukölln liegt mir zu Füßen. Auch die Sanitäreinrichtungen im Untergeschoss sind in hervorragendem Zustand. Das kann ich beurteilen, denn ich lege hier auf meinen Comedybustouren immer einen Toilettenstopp ein. Das Estrel sieht sogar einer noch größeren Zukunft entgegen. Der geplante Estrel Tower wird der höchste Hotelturm Deutschlands.

Such a tour through New Cologne can get exhausting, especially when you don't want to go without your highheels. So you need a long and refreshing sleep. Therefore, I recommend the Estrel Hotel, a gigantic complex in Avenue. With 1125 rooms it´s the largest hotel near and far. From the higher floors, you have an excellent farview over the harbour of New Cologne. Up there, I really feel like the Queen of Futschi. And the Estrel will even have a brighter future: The Estrel Tower will be the tallest hotel of Germany.

Estrel Berlin/ Sonnenallee 225/12057 Berlin/estrel.com

Flieg Jutta, flieg!

Die größte Gefahr, wenn man einen Reiseführer schreibt, ist, dass einige der Hotspots gar nicht mehr existieren, wenn das Buch erscheint. Mein Buch soll aber ein immerwährender Guide für dich sein. Deswegen habe ich bei der Anreise nach Neukölln in die Zukunft geblickt.

Es gibt ja viele Arten, nach Neukölln zu gelangen. Du kannst mit der U-Bahn-Linie 7 vom Rathaus Spandau direkt zu uns durchfahren. Du kannst auch vom Berliner Hauptbahnhof den Metrobus 41 nehmen, laut Tagesspiegel die Buslinie des Grauens. Ich kann dazu nur sagen: Nimm dir zwei gute, dicke Bücher und Proviant mit auf die Fahrt! Da ich eine unverbesserliche Optimistin bin (bei mir ist das Futschiglas immer halb voll), gehe ich allerdings davon aus, dass du bald mit dem Flugzeug anreisen kannst. Irgendwann wird der Hauptstadtflughafen doch mal aufgemacht und dann bist du nach der Landung schon fast bei uns. Der BER liegt vor den Toren Neuköllns. Liebe Flughafengesellschaft, ich helfe gerne beim Roden der zugewucherten Landebahnen mit, wenn es dann schneller geht. Die Welt will nach Neukölln und deswegen muss dieser Bezirk endlich an das internationale Verkehrsnetz angeschlossen werden.

Liebste Leser, wie auch immer ihr nach Neukölln kommt, ich bin mir sicher, dieser Reiseführer ist Inspiration genug, gleich den Rollkoffer zu packen und euch auf den Weg zu machen:
Wir sehen uns in Neukölln – gute Reise und Futschi Voyage!

There are many ways to reach New Cologne. You can take the subway line number 7 directly from the townhall of Spandau. Or you take the metrobus number 41 from Berlin mainstation, the bus of horrors as the Tagesspiegel wrote. Take two big books and a lunch box on this journey. But I am an incorrectable optimist and I assume, soon you will arrive by plane. One day, the capital airport will open and then you will be very close to New Cologne after landing. I promise helping to pull up weeds from the runways if it goes faster.
See you in New Cologne - good travel and Futschi Voyage!

Flughafen Berlin Brandenburg International/Melli-Beese-Ring 1/12529 Schönefeld/berlin-airport.de

Danke an

Emily Marie
Sandra
Hans-Joachim Lücke
Daniel Looft
Tanja Dickert
Moritz Piefke
Christian Achtmann
Thomas Feigl
Joachim Delhoulle
Somer Abbass Yacoub
Johannes Schäfer
Lars Schwuchow
Maja Joel
BKA-Theater
Thomas M. Goerke
Torsten Salzer

Models:
Jutta Hartmann (Bob Schneider)
Hipster (Nicolai Tegeler)
Bertha Tölke (Bob Schneider)
Juttas Mutter (Bob Schneider)
Juttas Vater (Daniel Looft)
Kleine Jutta (Emily Marie)
Edith Schröder (Ades Zabel)
Brigitte Wuttke (Biggy van Blond)
Kevin-Adriano (Lars Schwuchow)
Hauptstadtrocker
(Volker Sondershausen)